Medard Kehl

Mit der Kirche fühlen

Ignatianische Impulse
Herausgegeben von Stefan Kiechle SJ und Willi Lambert SJ,
Band 44

Ignatianische Impulse gründen in der Spiritualität des Ignatius von Loyola. Diese wird heute von vielen Menschen neu entdeckt.

Ignatianische Impulse greifen aktuelle und existentielle Fragen wie auch umstrittene Themen auf. Weltoffen und konkret, lebensnah und nach vorne gerichtet, gut lesbar und persönlich anregend sprechen sie suchende Menschen an und helfen ihnen, das alltägliche Leben spirituell zu deuten und zu gestalten.

Ignatianische Impulse werden begleitet durch den Jesuitenorden, der von Ignatius gegründet wurde. Ihre Themen orientieren sich an dem, was Jesuiten heute als ihre Leitlinien gewählt haben: Christlicher Glaube – soziale Gerechtigkeit – interreligiöser Dialog – moderne Kultur.

Medard Kehl

Mit der Kirche fühlen

echter

P. Walter Katterbach SJ,
dem originellen und
unermüdlichen Seelsorger,
gewidmet.

Bibliografische Information der Deutschen Nationalbibliothek

Die Deutsche Nationalbibliothek verzeichnet diese Publikation in der Deutschen Nationalbibliografie; detaillierte bibliografische Daten sind im Internet über <http://dnb.d-nb.de> abrufbar.

www.echter-verlag.de
Umschlag: Roberto Meraner
Druck und Bindung: CPI – Clausen & Bosse, Leck
ISBN 978-3-429-03305-7

Inhalt

1. Eine biographische Annäherung

Es war in der Zeit meines Theologiestudiums in Frankfurt/Sankt Georgen, also in der zweiten Hälfte der 60er Jahre. Es war zugleich die erste Phase der Rezeption des 2. Vatikanischen Konzils mit all ihren Unruhen und zunehmend stärker werdenden Polarisierungen in der Kirche. Da empfahl mir mein damaliger, von mir sehr verehrter theologischer Lehrmeister, P. Otto Semmelroth, dessen Nachfolger in Sankt Georgen ich einige Jahre später werden sollte, ein Buch des zu dieser Zeit sehr berühmten französischen Jesuiten und Theologen Henri de Lubac SJ zu lesen: »Méditation sur l'Église«. Ich las es in der kongenialen Übersetzung von Hans Urs von Balthasar: »Die Kirche. Eine Betrachtung« (Einsiedeln 1968). Diese aus der ganzen Fülle der patristischen, mittelalterlichen und neuzeitlichen Kirchenspiritualität und Kirchentheologie schöpfende Meditation über die Kirche hat mich einfach begeistert. Ich konnte den Sätzen von Hans Urs von Balthasar in seinem Vorwort voll zustimmen: »Es ist ein Betrachtungs-, kein Lehrbuch über die Kirche; aber Weisheit kann mehr sein als Wissenschaft. Es ist ein Buch der Liebe mehr als des Verstandes, und Liebe, die erleuchtet und geordnet ist, ist auf jeden Fall mehr als Verstand« (S. 9). Im Nachhinein sehe ich es als eine glückliche Fügung, dass dies das erste größere Buch über die Kirche war, das ich gelesen habe. Die Kirchenmeditation von Henri de Lubac hat nachhaltig die Weichen für mein eigenes geistliches Verhältnis zur Kirche und nicht minder für mein theologisches Verständnis von Kirche gestellt.

Aber noch tiefer als die vielen guten Gedanken dieses Buches hat sich in meinem Gedächtnis eingeprägt, was P. Semmelroth mir über die Begleitumstände der Entstehung dieses Buches erzählt hat: Henri de Lubac war ja in den 30er und 40er Jahren des 20. Jahrhunderts einer der großen Vordenker der so genannten »Nouvelle Théologie« und damit auch der geistigen Überwinder des starren, ungeschichtlichen Denkens der seinerzeit dominierenden Neuscholastik. 1962 sollte er zu einem der bedeutendsten Konzilstheologen aufsteigen. Gerade die großen dogmatischen Konstitutionen über die Offenbarung (Dei Verbum) und über die Kirche (Lumen Gentium) verraten deutlich seine Handschrift. Aber in den Jahren davor musste Henri de Lubac einen schweren Kreuzweg in der Kirche gehen: 1950 wurde ihm von seinen römischen Ordensoberen (auf Anweisung des Hl. Offiziums) die Lehrerlaubnis am Institut Catholique in Lyon entzogen, und alle seine Veröffentlichungen wurden unter eine scharfe Vorzensur gestellt. Was mich bei diesem Vorgang bis heute tief beeindruckt und worin ich ein authentisches Modell für das ignatianische Fühlen mit der Kirche (»Sentire cum ecclesia«) in unserer Zeit sehe, ist die Reaktion von Henri de Lubac auf dieses offenkundige, schon damals von vielen Theologen und Gläubigen so empfundene Unrecht: Er nahm diese Entscheidung im Gehorsam an; er verzichtete auf jeden öffentlichen Protest, veranstaltete keinen Medienrummel (wie wir es zur Genüge aus der nachkonziliaren Zeit kennen); nein, er zog sich in seine Studierstube zurück, überarbeitete viele noch unveröffentlichte Vorträge und Betrachtungen zum Thema Kirche und fasste sie zu einem der schönsten Bücher der neueren Theologiegeschichte über die Kirche zusammen: eben zu dieser »Meditation über die Kirche«, die 1953 auch erscheinen durfte.

Dieses Buch erlebte innerhalb eines Jahres drei Auflagen und nahm sehr viel von den späteren Aussagen des Konzils über die Kirche vorweg. Henri de Lubac brachte damals die Geduld des Wachsens und Reifens auf, ohne die ein fruchtbares Leben und Denken innerhalb und mit der Kirche nicht möglich ist. Diese Art und Weise, einen schweren innerkirchlichen Konflikt aufzuarbeiten und auf Dauer zu einem Segen für die Kirche werden zu lassen (eine Weise, die übrigens auch Madeleine Delbrêl ungefähr zur gleichen Zeit im Konflikt um die französischen Arbeiterpriester anwandte), gab mir und anderen jüngeren Theologen damals einen Maßstab für gute kirchliche Theologie und für das rechte Verständnis des ignatianischen »Sentire cum ecclesia« an die Hand.

Ein solcher Maßstab war seinerzeit auch sehr nötig; hat sich doch in diesen Jahren nach dem Konzil nicht nur das theologische Selbstverständnis der Kirche tiefgreifend gewandelt, sondern – wirkungsgeschichtlich gesehen – wohl noch viel entscheidender die grundlegende Wahrnehmung der Kirche, die leitende Perspektive, unter der sie seitdem von einem Großteil der Gläubigen angeschaut wird. Denn je mehr sich im Prozess der Pluralisierung und der Ausdifferenzierung unserer westlichen Gesellschaften die relativ homogenen, geschlossenen »katholischen Milieus« auflösten, umso weniger wurde die Kirche noch als Heimat, als bergender Raum im Glauben oder gar als »Mutter Kirche« wahrgenommen. Viel stärker traten zum einen die Ortsgemeinden mit ihrer Aktivierung vieler Glaubenden zur Gestaltung des Gemeindelebens in den Blickpunkt. Zum anderen – gleichsam als Kontrast dazu – aber auch die so genannte »Amtskirche« als institutionelles Gegenüber zu den Gemeinden und den einzelnen Gliedern des Volkes Gottes. Diese waren sich inzwischen ihres eigenständigen Subjektseins im Glauben neu bewusst geworden und konnten sich als Kinder ihrer Zeit mit vielem in dieser Kirche nicht mehr identifizieren. So ergab sich für die Kirche hierzulande eine ungewohnte Situation: Sie war auf einmal der offenen Kritik sowohl der gesellschaftlichen Öffentlichkeit generell als auch ihrer eigenen Mitglieder ausgesetzt.

Ich werde in einem ersten Schritt (Kapitel 2) versuchen, diesen typisch neuzeitlichen Wandel in der leitenden Perspektive, wie Kirche von den Gläubigen selbst wahrgenommen wird, auch *theologisch* zu bedenken. Ich frage also: Ist das alles nur ein zeitbedingtes empirisches Phänomen oder tritt darin auch eine theologische Dimension von Kirche anders als bisher gewohnt zutage? Diese Frage legt sich deswegen nahe, weil die Kirche seit dem 2. Vatikanischen Konzil grundlegend als »*Sakrament*« (Zeichen und Werkzeug) des Heils (LG 1) verstanden wird; das bedeutet (wie bei jedem einzelnen Sakrament): theologischer Gehalt und empirische Gestalt der Kirche sind »ungetrennt und unvermischt« (vgl. LG 8) miteinander verbunden. Nur in dieser Einheit existiert die theologische Größe »Kirche« hier auf Erden. Darum hat ein Wandel der empirischen Gestalt der Kirche bzw. der empirischen Wahrnehmung der Kirche durch ihre Mitglieder auch Konsequenzen für das theologische Selbstverständnis der Kirche.

Für eine theologische Deutung der oben skizzierten neuen Kirchenwahrnehmung bietet sich vielleicht am ehesten das zweite der vier wichtigsten »Kennzeichen der Kirche« (der so genannten »notae ecclesiae«) im Credo an. Dort bekennen wir ja die Kirche als die »eine, *heilige*, katholische und apostolische Kirche«. Nun scheint gerade das Bekenntnis zur »Heiligkeit« der Kirche seit dem genannten Perspektivenwechsel doch viel an empirischer wie an theologischer Plausibilität verloren zu haben. *Diese* konkrete Kirche soll »heilig« sein!? Das ist doch purer Platonismus! Die Rede von einer »sündigen« Kirche scheint doch bedeutend ehrlicher, weil wirklichkeitsnäher zu sein; rechnet sie doch auch aus theologischer Sicht mit der Möglichkeit einer legitimen Kritik an der Kirche, vor allem an ihren Strukturen und ihren Amtsträgern. Dieser Spannung zwischen »heiliger« und »sündiger« Kirche wollen wir zunächst etwas gründlicher nachgehen; denn hier kann die theologische Basis für die folgenden Überlegungen zum geistlichen »Fühlen mit der Kirche« gelegt werden.

2. Mit einer »sündigen« Kirche fühlen?

Noch in der ersten Hälfte des 20. Jahrhunderts, als die katholische Jugendbewegung die Kirche ganz neu als *Gemeinschaft* der Glaubenden erleben ließ, stand die Erfahrung der *Heiligkeit* und »Herrlichkeit« der Kirche bei vielen Christen im Vordergrund ihrer Beziehung zur Kirche. I. F. Görres spricht ihnen aus dem Herzen, wenn sie von der damaligen Zeit schreibt: »Wir haben, eine Stunde lang, die Kirche in ihrer Herrlichkeit schauen dürfen ... Die Schatten und Flecken waren ja allbekannt, betrüblich und langweilig, also nicht weiter schildernswert; die Herrlichkeit dagegen war überraschend, hinreißend und nie genug zu rühmen.«[1] Es bereitete offensichtlich keine allzu großen Schwierigkeiten, das Wort aus dem Epheserbrief (5,25 f.) nicht nur mit der eschatologisch vollendeten, sondern gerade auch mit der gegenwärtig erfahrbaren Kirche in Verbindung zu bringen: »Christus hat die Kirche geliebt und sich für sie hingegeben, um sie im Wasser und durch das Wort rein und heilig zu machen. So will er die Kirche herrlich vor sich erscheinen lassen, ohne Flecken, Falten oder andere Fehler; heilig soll sie sein und makellos (sancta et immaculata).«

Im Zusammenhang mit der eben skizzierten gesellschaftlich und kulturell bedingten Veränderung des Verhältnisses vieler Glaubenden zur Kirche Ende der 60er Jahre trat die ungebrochene Freude an der »heiligen« Kirche eher in den Hintergrund.[2] Statt dessen erwachte mit dem neuen Sinn für eine Kirche, die sich jetzt als durch die Geschichte pilgerndes, mit allen anderen menschlichen Gruppierungen den Unsicherheiten und Wagnissen der Geschichte ausgesetztes Volk Gottes versteht, auch ein viel stärkeres Bewusstsein von der Fehlbarkeit und Sündigkeit der Kirche. Ohne die damit verbundene Versuchung zu einer jeder realistischen Einschätzung baren Kritiksucht zu verleugnen, muss man doch an der theologischen Berechtigung einer solchen Sichtweise festhalten. Die Kirche ist eben nicht nur die von Jesus Christus geheiligte, sondern auch die durch uns Sünder sündig gewordene und immer neu sündig werdende Kirche. Dies ehrlich und demütig einzugestehen, dazu bedarf es nicht erst der beschämenden Missbrauchsskandale, die unsere Kirche seit Beginn dieses Jahres (2010) überrollen.

Das 2. Vatikanische Konzil jedenfalls verschließt sich keineswegs dieser Einsicht; etwas vorsichtig lehrt es: »Während aber Christus heilig, schuldlos, unbefleckt war (Hebr 7,26) und Sünde nicht kannte (2 Kor 5,21), sondern allein die Sünden des *Volkes* zu sühnen gekommen ist (vgl. Hebr 2,17), umfasst die Kirche Sünder in ihrem eigenen Schoße. *Sie* ist zugleich heilig und stets der Reinigung bedürftig, *sie* geht immerfort den Weg der Buße und Erneuerung« (LG 8). Die »Sünden des Volkes« machen das Volk Gottes, die Kirche, zu einem sündigen, der ständigen Buße und Erneuerung bedürftigen Volk.[3]

Die Sünden der Einzelnen und die sündige Kirche

Um zu verstehen, in welchem Sinn wir zu Recht von einer »sündigen« Kirche (und nicht nur von einzelnen Sündern in ihr) sprechen können, greifen wir auf den im Konzil wieder neu entdeckten Begriff der Kirche als *Communio,* als Gemeinschaft im Glauben, zurück. Das bedeutet für unsere Frage: Die Kirche kann angemessen nur zugleich als Kirche *für* die Einzelnen und als Kirche *aus* den einzelnen Glaubenden verstanden werden. Sie ist sowohl die von Christus und seinem Heiligen Geist her den Einzelnen *vorgegebene*, sie in Wort und Sakrament »heiligende Kirche« wie auch die *aus* den so geheiligten Einzelnen sich aufbauende »Kirche der Heiligen«. Als dieses »Wir« der Glaubenden stellt die Kirche deswegen immer auch die von den einzelnen Glaubenden geprägte gemeinsame Ausdrucksform ihres je persönlichen Glaubens (oder auch ihres Unglaubens) dar.

Dementsprechend hat der Begriff »Gemeinschaft der Heiligen« (communio sanctorum) im apostolischen Glaubensbekenntnis auch zwei Bedeutungen, eine sakramentale und eine personale. Das heißt: Zuerst wird damit die sakramentale Teilhabe (communio) an den Mysterien des Glaubens, vor allem natürlich an den heiligen Zeichen (»sancta mysteria«) der eucharistischen Mahlgemeinschaft bezeichnet (also die so genannte »communicatio in sacris«). Zum anderen meint dieser Begriff aber auch die personale Gemeinschaft der Heiligen (der »sancti« bzw. der »sanctae«), also jener Gläubigen, die durch diese Teilhabe geheiligt und zur Gemeinschaft des Leibes Christi geeint werden. Zwischen diesen beiden Bedeutungsgehalten besteht kein einliniges, sondern ein wechselseitiges Verhältnis: Beide bedingen sich gegenseitig und machen nur in dieser Verschränkung die Kirche zur »heiligen« Kirche.

Insofern trifft die Behauptung einer rein »objektiv-sakramentalen«, von der personal gelebten Heiligkeit (oder Unheiligkeit) der Glaubenden losgelösten Heiligkeit der Kirche eher auf eine platonische Idee von Kirche zu als auf ihre irdische Realität.

Augustinus hat diese Wechselseitigkeit von sakramentaler und personaler Dimension der Kirche als Leib Christi in die bekannte Formel gefasst: »Wenn ihr selbst also der Leib Christi und seine Glieder seid, dann liegt auf dem eucharistischen Tisch euer eigenes Geheimnis ... Ihr sollt sein, was ihr seht, und sollt empfangen, was ihr seid.«[4]

Da die Glaubenden aber (ausgenommen Christus und die Gottesmutter Maria) offensichtlich nicht nur Heilige, sondern zugleich auch Sünder sind, also Menschen, die sich trotz der Teilhabe an den heiligen Zeichen nicht restlos der in Christus erschienenen Liebe Gottes und ihrem Heilswillen öffnen, prägt dieser so defiziente Glaube der Sünder auch die gemeinsame Gestalt ihres Glaubens, eben die Kirche, mit; er senkt im Ganzen das »Niveau« ihrer von Christus und den ihn vergegenwärtigenden Mysterien stammenden Heiligkeit. Deshalb ist die Sünde nicht nur eine Wirklichkeit *in* der Kirche, insofern die Einzelnen auch Sünder sind, sondern eine Wirklichkeit *der* Kirche selbst. Als *Gemeinschaft* von Sündern schwebt sie eben nicht unbedroht über den konkreten Menschen, sondern wird durch deren Sünde verunstaltet. So können viele Kirchenväter die Kirche mit Recht als »Sünderin« bzw. als sündig bezeichnen.[5]

Natürlich haben die Sünde der Einzelnen und die Sündigkeit der Kirche eine verschiedene *formale* Struktur: Der Einzelne ist das personale *Subjekt,* das »Wovonher« der Sünde; sie entspringt seiner Freiheit, seinem verantwortlichen Handeln. Die Kirche bildet dagegen die *objektivierte,* gemeinschaftliche *Form* dieses von den Sünden der Einzelnen, zumal ihrer verantwortlichen Repräsentanten, verdunkelten Glaubens; in ihr erscheint das soziale »Ergebnis« der Sünde der Einzelnen. Beide Seiten können wohl unterschieden, aber nicht voneinander getrennt werden. Das bedeutet in letzter Konsequenz: Selbst die heiligsten Vorgaben der Kirche, durch die die Einzelnen geheiligt werden, also vor allem die Verkündigung des Wortes Gottes und die Feier der Sakramente, stehen nicht ungefährdet jenseits der sündigen Menschen, sondern werden durch diese (ob Hörer bzw. Empfänger oder amtliche Verkündiger und Ausspender) mitgeprägt.

Einige Beispiele mögen dies etwas veranschaulichen: So manifestiert sich die so genannte »strukturelle Sündigkeit« der Kirche immer da, wo eine allgemeine Mittelmäßigkeit und Sattheit jeden radikalen, an die Wurzel der glaubenden Existenz gehenden Anruf des Evangeliums für die meisten Gläubigen fast a priori abfängt. Oder wenn sich eine Kirche bzw. eine Gemeinde so sehr in einem binnenkirchlichen »Milieu« einschließt und dabei in einer institutionellen Selbstgenügsamkeit aufgeht, dass sie nicht mehr wirklich offen ist für die realen Nöte der Menschen innerhalb und außerhalb der Kirche. Oder wenn die Verkündigung des Wortes zur Indoktrination, die Spendung der Sakramente (z. B. des Bußsakramentes) zur sublimen Machtausübung über die Gewissen und die Diakonie zur Betreuungsroutine degeneriert usw. Überall da wird die Kirche zur »sündigen Kirche«, die ihrerseits für die Einzelnen Anlass und Anstoß zur Sünde sein kann.

Im Blick auf die zahlreichen, inzwischen offengelegten Fälle sexueller Übergriffe von Geistlichen auf Kinder und Schutzbefohlene, aber auch angesichts des verhängnisvollen Umgangs vieler Verantwortlicher in der Kirche mit diesen Vergehen in den vergangenen Jahrzehnten schreibt Kardinal Karl Lehmann zu Recht: »Die Kirche wird auch als Institution ins Mark getroffen, wenn wir das gelebte Zeugnis des Evangeliums Jesu Christi verweigern. Sonst kommt man leicht in die Versuchung, die Verfehlungen der Kirche ausschließlich dem einzelnen Sünder anzurechnen, sie selbst aber vor jedem Makel zu bewahren. Eine solche Mentalität hat die schlimmen Praktiken des bloßen Vertuschens oder des Versetzens eines Täters von Ort zu Ort gewiss mit begünstigt«[6] – eben weil diese Mentalität auf jeden Fall den »Schein« einer »heiligen« Kirche wahren wollte, selbst um den Preis der Unwahrhaftigkeit und einer mitleidlosen Missachtung der Leiden der Opfer.

Diese Praxis des Vertuschens und Verharmlosens ist keineswegs nur den seinerzeit Verantwortlichen in der Kirche als Schuld anzurechnen. Diese Praxis konnte sich so lange und so unbestritten in der Kirche wohl nur deswegen halten, weil sich die Verantwortlichen von einem schweigenden Einverständnis einer großen Zahl der Glieder der Kirche mitgetragen wussten (»darüber redet man nicht« bzw. »was nicht sein darf, kann auch nicht sein«).

Die Kirche hat sich in diesem Punkt sicher nicht anders verhalten, als es in vielen anderen gesellschaftlichen Bereichen auch üblich war. Trotzdem kann dies für sie nicht als Entschuldigung gelten. Es ist und bleibt eine Sünde, der sich die Kirche als Gemeinschaft schuldig gemacht hat. Denn abgesehen von einer Verletzung staatlicher Gesetze widerspricht sowohl das Verhalten der Täter als auch die lange praktizierte Reaktion der Kirche darauf eindeutig dem Evangelium; zumal dem Gerichtswort Jesu über jene, die den »Kleinen, die an mich glauben«, ein Ärgernis geben. Damit können vom Kontext her durchaus auch Kinder gemeint sein: die, denen Böses zugefügt wird und die dadurch zum Bösen verführt werden. Das Los solcher Verführer wird in den Augen Jesu beim Jüngsten Gericht schlimmer sein als das Geschick eines zum

Tode durch Ertränken bestraften Verbrechers (Mt 18,6).[7]

Darum muss die Kirche auch *als* Kirche (und nicht nur die Einzelnen in ihr) im Bewusstsein solchen und ähnlichen Versagens immer von Neuem, ja täglich in ihrer Liturgie den Herrn um Reinigung, Vergebung und Erneuerung bitten; z. B. im Schuldbekenntnis der Eucharistie, in den Fürbitten, im Vaterunser, in besonderen Klage- und Bußgottesdiensten. Ein solches Gebet, wenn es wirklich ehrlich gemeint ist, ersetzt nicht, sondern erfordert geradezu die gleichzeitige Bitte der Kirche auch um Vergebung durch die jeweils betroffenen Opfer; und auch diese Bitte wirkt nur dann glaubwürdig, wenn sie verbunden ist mit einer ernsthaften Bereitschaft zur Wiedergutmachung, soweit dies noch möglich ist. Papst Johannes Paul II. hat im Jahre 2000 mit seinem öffentlichen Schuldbekenntnis und seiner Vergebungsbitte für die Sünde der Christen und der Kirche in ihrer langen Geschichte ein hoffnungsvolles Zeichen für ein Umdenken der Kirche als Institution gesetzt. Hinter diesen Schritt darf die Kirche nicht wieder zurückfallen; sie sollte ihn vielmehr stets neu aktualisieren, zumal in solchen extremen Krisensituationen. Denn nur so kann verlorengegangenes Vertrauen wieder zurückgewonnen werden.

Dennoch: Die unzerstörbar »heilige« Kirche

Wenn wir theologisch von heiliger *und* sündiger Kirche sprechen, dann besagt dieses »und« keineswegs ein Zusammenaddieren zweier zwar gegensätzlicher Eigenschaften der Kirche, die ansonsten aber auf derselben theologischen Ebene liegen. Im Gegenteil: Wo die Kirche in den einzelnen Glaubenden und in ihrer gesellschaftlichen Verfasstheit dem heiligenden Wirken des Geistes Gottes Raum gewährt, da kommt ihr wahres Wesen, ihre von Gott gegebene Berufung und Sendung als »heilige« Kirche zur Erscheinung. Wo sie sich dagegen diesem Geist verschließt und so zur sündigen Kirche wird, zeigt sich in ihr »nur« der innergeschichtlich zwar wirksame, aber durch Christus bereits »prinzipiell« entmachtete und darum im Tiefsten ohnmächtige Widerspruch der Menschen (als Einzelner und als Gemeinschaft) *gegen* ihre geistgewirkte Heiligkeit.

Darum ist die Kirche – wie Karl Rahner richtig betont – keineswegs das »reine Paradox einer Einheit von wahrnehmbarer Sünde und verborgener Gnade«[8]. Ihre eigentliche theologische Identität liegt vielmehr darin, dass sie die sichtbare, vom Heiligen Geist dem Sohn Jesus Christus zugestaltete Antwort auf die endgültige Selbstmitteilung Gottes des Vaters in der Geschichte darstellt; dass sie in all ihren Grundvollzügen auf empfangende, antwortende Weise an der alle rettenden Liebe Jesu Christi zum Vater und zu den Menschen partizipiert und darum auch von ihm *unzerstörbar* in ihrer geschenkten Heiligkeit gehalten wird. Mag der sündige Widerspruch der Kirche auch diese ihre Identität öfters (selbst für viele Glaubende) bis zur Unkenntlichkeit verstellen,

so vertraut der Glaube doch darauf, dass die Sünde (innergeschichtlich wie endzeitlich) niemals die Übermacht über das Wirken des Geistes in der Kirche gewinnt und daher auch nicht die heilige Gemeinde Gottes zerstören kann.
Diese letzte Heilsgewissheit bezieht sich allerdings nur auf die Kirche als Ganze, nicht auf jeden Einzelnen oder auf einzelne Gruppen in ihr. Bei den Einzelnen bleibt die Frage des endgültigen Heils oder Unheils von uns her offen; denn ihre Sünde *kann* sie – was wir jedoch von niemandem erhoffen – endgültig von Gott trennen. Dass dies nicht in gleicher Weise von der Kirche gilt, macht noch einmal deutlich, dass sie eben mehr ist als die Summe ihrer sündigen Glieder, nämlich das von Jesus *unwiderruflich* erneuerte Volk Gottes, der ihm *untrennbar* zugestaltete Leib Christi, das im Heiligen Geist *unauflösbar* geeinte Sakrament des allumfassenden Heilswillens Gottes. Bliebe die Heilsfrage für die Kirche als Ganze ebenso offen wie für die Einzelnen, die sich doch in sehr unterschiedlicher Intensität in diese Kirche eingliedern oder es auch ganz unterlassen können, dann würde gerade das Besondere dieses neuen und *endgültigen* Bundes, den Gott in Jesus Christus mit seinem Volk (und durch es mit allen Menschen) geschlossen hat, aufgehoben werden. Denn dann könnte ja auch dieser Bund wiederum durch die Sünde des Volkes Gottes gebrochen und zerstört werden. Dies hieße aber, dass das Böse rückwirkend über den gekreuzigten und auferstandenen Christus und das in ihm *definitiv* an-

gebrochene Reich Gottes siegen würde, was den spezifisch christlichen Glauben an Jesus Christus aufheben würde.

Seinen verlässlichsten Anhaltspunkt in der Geschichte der Kirche findet dieser Glaube primär in den *Heiligen,* die Gottes Liebe unbezweifelbar transparent machen. Dies gilt vor allem für Maria, den »heilen Kern« der Kirche (Hans Urs von Balthasar). In ihr, der sündenlosen, weil vorbehaltlos glaubenden Magd des Herrn, sieht der Glaube das urbildliche Realsymbol der unzerstörbar heiligen Kirche. Diese in Maria und der ganzen Gemeinschaft der Heiligen *personal* erfahrbare Heiligkeit der Kirche wirkt sich auch in der *sakramental-objektiven* Struktur der Kirche aus: Sowohl die Verkündigung des Wortes Gottes als auch die Spendung der Sakramente gelten dem Glauben als untrügliche Zeichen dafür, dass der Geist die Kirche endgültig in der Wahrheit des Glaubens und in der Heiligkeit der Liebe bewahrt. Denn solange diese Vollzüge noch irgendwie als Zeichen Christi und seiner Kirche erkennbar sind und so von den Menschen entgegengenommen werden, behalten sie ihre heilsvermittelnde Kraft (»opus operatum«). Diese kann zwar durch die Sündigkeit der Verkündiger und der Hörer, der Spender und der Empfänger in ihrer Wirksamkeit behindert, aber als bleibend gültiges Heilsangebot Gottes nicht aufgehoben werden.

In diesem letztlich ungleichgewichtigen Miteinander von Heiligkeit und Sündigkeit der Kirche kommt die besondere Teilhabe der Kirche an *Kreuz* und *Auferstehung* Jesu zum Tragen. Wie im gekreuzigten Herrn die Macht der Sünde samt ihren Folgen (Leiden und Tod) sichtbar geworden, aber zugleich auch ausgetragen und überwunden ist, so ist auch die vom Kreuz her entstehende Kirche berufen, den Widerspruch der Sünde (gerade ihrer eigenen) gegen den Heilswillen Gottes in sich selbst zu erfahren, ihn leidend auszutragen und sich demütig der vergebend-rettenden Barmherzigkeit Gottes anzuvertrauen. Die Sündigkeit der Kirche gehört zur Signatur des pilgernden Volkes Gottes, das den ihm anvertrauten »Schatz« des Heiligen eben nur in »irdenen Gefäßen« durch die Geschichte tragen kann.

Am Ende dieser theologischen Überlegungen soll noch einmal Hans Urs von Balthasar zu Wort kommen. Dieser große Liebhaber der Kirche hatte keine Bedenken, die Kirche auch als Sünderin (»Dirne«) zu bezeichnen, die sich dennoch von ihrem Herrn unbedingt geliebt weiß (»*keusche* Dirne«) und darum keine Angst zu haben braucht, ihre von ihm empfangene Heiligkeit irgendwann doch zu verlieren. So schreibt Hans Urs von Balthasar: »Wer dürfte die wirkliche Kirche, die ebenso wirklich, so leibhaftig-farbig ist wie das alte Jerusalem, zu jener reinen eschatologischen Größe stempeln, die ein für alle Mal jenseits aller Fährnisse, aller paulinischen Schiffbrüche (Apg 27) stünde …, wer dürfte sie auf ihre bloßen von oben geschenkten und garantierten Strukturen einschränken und sie damit aus aller echten Geschichtlichkeit, allem … Glauben, Hoffen und Lieben loslösen? Das ›Subjekt‹, das sich mit einer schicksallosen Garantiertheit gleichsetzen könnte, gibt es weder ›in der Kirche‹ noch ›als Kirche‹. Denn ›Kirche‹ kann sich nirgendwo anders als im Kreuz ihres Herrn (und nicht in sich selber) gerettet und gewährleistet sehen. Und wenn sie sich als Frucht des Kreuzes weiß …, dann nie anders als gleichzeitig in Buße und Umkehr auf dieses Kreuz zuschreitend.«[9]

Auf dem Fundament dieser theologischen Überlegung zum Wesen und zum »Unwesen« der Kirche ist es wohl leichter möglich, den ignatianischen Topos »Mit der Kirche fühlen« (»sentire cum ecclesia«) zu verstehen. Wenden wir uns zunächst im folgenden Kapitel den *Quellen* dieser Kirchenspiritualität zu.

3. Die Regeln des hl. Ignatius zum »Fühlen mit der Kirche« im Exerzitienbuch

Der geschichtliche und theologische Hintergrund

Ignatius hat seine 18 Regeln zur wahren kirchlichen Gesinnung zu verschiedenen Zeiten verfasst; zum großen Teil (Nr. 1–13) während seiner Studienzeit an der Sorbonne in Paris, also in den Jahren vor 1535.[10] Sie sind im Hinblick auf die so genannten »Neuerer« des Glaubens verfasst, sowohl auf Erasmus von Rotterdam und seinen Humanismus als auch auf Martin Luther und seine reformatorische Theologie. Aufgrund der geistlichen Übungen, die Ignatius in Paris erteilte, und zwar noch vor dem Abschluss seines Theologiestudiums und vor der Priesterweihe, also als purer Laie in theologischen und spirituellen Dingen, war er in den Verdacht der Ketzerei geraten: Er müsse wohl zu den geistlichen »Illuministen« gehören (nicht zu verwechseln mit den Illuminaten des 18. Jahrhunderts!). Diese »Erleuchteten« behaupteten, die institutionelle Kirche für ihr geistliches Leben und ihr ewiges Heil nicht zu brauchen; sie glaubten, aus der unmittelbaren Erleuchtung durch den Heiligen Geist ihren eigenen Weg zum Heil finden zu können. Unter diesem Verdacht wurde Ignatius bei der Inquisition angeschwärzt und musste mehrere Untersuchungen über sich ergehen lassen. Deswegen fügte er schließlich »18 Regeln zur wahren kirchlichen Gesinnung« seinen Exerzitien hinzu, um seine eigene Kirchlichkeit klar und unmissverständlich hervorzuheben (EB = Exerzitienbuch 352–370).

Diese Regeln sind im Einzelnen zweifellos zeitbedingt und nicht einfach buchstäblich in unsere Zeit zu übertragen. Aber es gibt darin durchaus auch etwas die Zeiten Überdauerndes, das Ignatius durch die Exerzitien der Kirche aller Zeiten und Kulturen weitervermitteln möchte. Was ist das? Es ist das in den Exerzitien ausformulierte geistliche Konzept, nach welchem die persönliche Suche des Einzelnen nach dem Willen Gottes für sein Leben und damit auch die Suche nach seiner persönlichen Nachfolge Christi einzubinden ist in die konkrete Kirche, in ihre Strukturen, Traditionen und Weisungen. Das individuelle Subjekt des Glaubens und der dem Einzelnen vorgegebene Lebensraum des Glaubens, die Kirche, müssen für Ignatius bei dieser persönlichen Suche letztendlich zur Übereinstimmung kommen, wenn es denn wirklich der Wille Gottes sein soll, nach dem ich suche.

Dahinter steht die theologische Grundüberzeugung, die Ignatius in der 13. Regel auch klar ausspricht: In Christus und in seinem sichtbaren Leib, der Kirche, wirkt derselbe Heilige Geist, der auch uns, die einzelnen Glaubenden, zu unserem persönlichen Heil leitet und lenkt. Durch seine Präsenz sowohl im Ganzen der Kirche wie auch in den einzelnen Glaubenden formt der Heilige Geist immer neu die Kirche zum Ort einer *Gemeinsamkeit im Persönlichsten,* eben in der je eigenen Beziehung der Einzelnen zu Jesus Christus. Das ist der spirituelle Sinn der paulinischen Rede von der Kirche als »Leib Christi«. Dabei bezieht Ignatius diese existentielle Gemeinsamkeit im persönlichen Glauben nicht etwa auf kleine »Personalgemeinden«, wie wir sie heute kennen und pflegen, sondern bewusst auf die institutionell verfasste Kirche, oder – wie Ignatius sie häufig tituliert – die »hierarchische Kirche«.

Die Kirche in der Einheit von Glaubenswirklichkeit und empirisch erfahrbarer Institution wahrzunehmen ist sicher ein unaufgebbares Essential des katholischen Kirchenverständnisses. Allerdings lässt sich das »Wie« dieser Einheit doch recht unterschiedlich verstehen. Ignatius hatte offensichtlich noch keine Schwierigkeiten, das innerste theologische Geheimnis der Kirche, das ihr im Credo – unmittelbar nach dem Bekenntnis zum Heiligen Geist – einen festen Platz einräumt, einfach zu identifizieren mit der institutionell greifbaren Kirche: die »hierarchische Kirche« *ist* für ihn die »wahre Braut Christi«, sie *ist* unsere »Heilige Mutter«, sie *ist* der Leib Christi (vgl. die erste Regel, EB 353). Deswegen muss man ihr auch in allem unbedingt gehorchen, selbst wenn es der eigenen Vernunft zu widersprechen scheint (so die dreizehnte Regel, EB 365). Diese Sichtweise von Kirche ist uns heutigen Christen so nur noch schwerlich zu vermitteln. Haben wir doch vom 2. Vatikanischen Konzil und damit von so maßgeblichen Theologen wie Henri de Lubac, Yves Congar, Karl Rahner, Hans Urs von Balthasar, Joseph Ratzinger, Otto Semmelroth u. a. gelernt, dass die theologische und die empirische Dimension der Kirche zwar auf keinen Fall *getrennt*, aber genauso wenig miteinander schlechthin (also ohne Wahrung der bleibenden Differenz) *identifiziert* werden dürfen.

Vielmehr ist ihre Einheit vergleichbar (»analog« sagt das Konzil) mit der unvermischten und ungetrennten Einheit von göttlichem Wort und menschlicher Natur in Jesus Christus. Deswegen spricht das Konzil auch mit Vorliebe von der Kirche als »Sakrament«. Das heißt: Das strukturelle Gefüge der Kirche dient dem Heiligen Geist als »Zeichen und Werkzeug« für das von ihm zuinnerst gewirkte Wachsen des Leibes Christi (LG 8). Darum gilt die Mahnung des Apostels nicht nur dem Einzelnen, sondern auch der Kirche als Ganzer: »Löscht den Geist nicht aus!« (1 Thess 5,19).

Entscheidend für dieses sakramentale Kirchenbild ist, dass jetzt Identität und Differenz zugleich zwischen den beiden Dimensionen der Kirche, ihrem geistlichen Gehalt und ihrer strukturellen Gestalt, ausgesagt werden können. Dies aber ist wiederum nicht ohne Bedeutung für die »wahre kirchliche Gesinnung«: Denn die im Verständnis von Kirche als Sakrament eben auch festgehaltene Differenz (nicht Trennung!) zwischen Geist und Institution eröffnet einen möglichen Spielraum für den Gehorsam des einzelnen Gläubigen gegenüber Aussagen bzw. Wei-

Ihre Meinung ist uns wichtig!

Welchem Buch haben Sie diese Karte entnommen?

Erfüllt das Buch inhaltlich Ihre Erwartungen?

Wie gefällt Ihnen die Gestaltung des Buches?

Was würden Sie an diesem Buch gerne anders wünschen?

☐ Senden Sie mir bitte Ihren Neuerscheinungsprospekt
  ☐ einmalig   ☐ regelmäßig

☐ Informieren Sie mich bitte per E-Mail über Ihre Neuerscheinungen

www.echter.de

Wie sind Sie auf das Buch aufmerksam geworden?

☐ Prospekt
☐ Rezension
☐ Anzeige in Zeitschrift
☐ Empfehlung des Buchhändlers
☐ Homepage des Verlages
☐ Internet allgemein
☐ Andere ______

Vor- und Zuname

Beruf

Straße/Hausnummer

PLZ/Ort

E-Mail

Ich interessiere mich vor allem für Literatur aus den Bereichen

☐ Religion/Theologie ☐ Gemeindearbeit/Pastoral
☐ Franken/Bayern ☐ Lebenshilfe/Meditation

Schicken Sie Ihren Katalog auch an:

Vor- und Zuname

Straße/Hausnummer

PLZ/Ort

Bitte ausreichend frankieren

Antwort

Echter Verlag
Dominikanerplatz 8

D-97070 Würzburg

sungen der institutionellen Kirche. Diese müssen eben nicht in jedem Fall voll und ganz deckungsgleich sein mit dem Willen Gottes und dem Wirken seines Geistes. Und darum ist auch nicht jeder Widerspruch, zumal wenn er im Geist der Liebe zur Kirche und im Rahmen ihrer verbindlichen Glaubenslehre erfolgt, eo ipso schon ein Zeichen mangelnder Identifizierung mit der Kirche.
Diese differenzierte Sicht der »kirchlichen Gesinnung« als Konsequenz eines sakramentalen Kirchenbegriffs anzuerkennen fällt dem Amt in der Kirche allerdings nicht immer leicht. Das liegt wohl auch daran, dass sein Verständnis von Gehorsam oft nicht Schritt hält mit dem vom obersten Leitungsorgan der Kirche, also vom Konzil zusammen mit dem Papst, vollzogenen Wandel im Kirchenverständnis. Dieser theologische Wandel rechtfertigt heute darum auch einen differenzierteren Umgang mit den »Regeln zur wahren kirchlichen Gesinnung« als zu Ignatius' Zeiten; das entspricht im Übrigen durchaus auch der Praxis des Ignatius bezüglich seines eigenen kirchlichen Gehorsams.[11]

Das bleibend Gültige: Die ignatianische »Kultur des Lobens«

Wer sich in Exerzitien die achtzehn Regeln des heiligen Ignatius zur »kirchlichen Gesinnung« einmal in Ruhe zu Gemüte führt, wird sich vielleicht zunächst an ihrer offenkundigen Zeitgebundenheit stoßen. Denn Ignatius zählt in den ersten elf Regeln so ziemlich alles auf, was es damals vonseiten der Humanisten und der Reformatoren an der katholischen Kirche zu kritisieren gab. Er geht dabei überhaupt nicht auf diese Kritik ein; er weist sie auch nicht in apologetischer Manier zurück. Stattdessen empfiehlt er einfach, genau diese Dinge zu *loben*, sie gutzuheißen, ihren wahren Sinn für den Glauben zu entdecken und lebendig zu halten. Neun Regeln beginnen auffälligerweise mit dem Wort »Loben«. Dafür ein paar Beispiele:

Die vierte Regel (EB 356): »Loben mit Nachdruck die Orden, die Jungfräulichkeit und die Enthaltsamkeit …«

Die fünfte Regel (EB 357): »Loben die religiösen Gelübde des Gehorsams, der Armut, der Keuschheit und anderer Vollkommenheiten der Übergebühr …«

Die sechste Regel (EB 358): »Loben die Reliquien der Heiligen, indem man jenen Verehrung erzeigt und zu diesen betet. Loben auch Stationsandachten, Wallfahrten, Ablässe, Jubiläen, Kreuzzugsbullen und das Anzünden von Kerzen in den Kirchen.«

Die siebte Regel (EB 359): »Loben Bestimmungen über Fasten und Abstinenz wie in der Fastenzeit, an Quatember, an Vigilien, freitags und samstags. Ebenso Buße, nicht nur innere, sondern auch äußere.«

Was kann an diesen seltsamen Regeln für uns heute, für unser »Fühlen mit der Kirche« noch hilfreich sein? Sicher nicht alle genannten Details des Lobens! Über manches davon ist die Frömmigkeitsgeschichte hinaus- und weitergegangen. Was aber bleiben dürfte und sollte, ist das, was ich mehr grundsätzlich eine »Kultur des Lobens« in der Kirche nennen möchte. Um diese Kultur des Lobens ist es in unserer heutigen Kirche (genau wie damals) nicht sonderlich gut bestellt. Im Gegenteil: Mit dem tiefgreifenden, weithin auch dankbar aufgenommenen Wandel des katholischen Kirchenbildes in und nach dem 2. Vatikanischen Konzil verbindet sich häufig eine in der Sache vielleicht berechtigte, aber im Ton übermäßig scharfe, ja verletzende Kritik an der konkreten Kirche, an ihren Leitungsstrukturen und am Verhalten mancher Amtsträger. Eine solche Kritik steht in Gefahr, mit der Zeit eine grundsätzlich negative und vor allem im Hinblick auf die jüngeren Generationen auch ausgesprochen kontraproduktive (weil abschreckende) Eigendynamik zu entwickeln. Das heißt: Der kritische Blick auf die institutionelle Kirche wird so sehr zum Vorzeichen jeglicher Kirchenwahrnehmung und Kirchendiskussion, dass eine tief verwurzelte Freude an der Kirche mehr und mehr abhanden kommt oder erst gar nicht mehr aufkommen kann.

Ich spreche hier von einer Freude, die vergleichbar ist mit dem, was Romano Guardini einmal über den Humor gesagt hat: »Er leidet, oft sehr tief, bringt es aber fertig, nicht bitter zu werden, sondern zu tun, was – zusammen mit den echten Tränen – eine der letzten Ausdrucksformen des Menschlichen darstellt, zu lächeln. Darin ist die Kraft, Unabhängigkeit, Weisheit, Schmerz und überwindende Duldung. Ja, darin ist Liebe, Liebe zum Dasein, wie es ist …«[12], und – so können wir ergänzen – Liebe zur Kirche, wie sie ist.

Um der Gefahr des schleichenden Verlustes dieser Freude und dieser Liebe zur Kirche zu widerstehen, könnte die Pflege einer von Ignatius vorgeschlagenen »Kultur des Lobens«, also einer aller Kritik vorausliegenden und sie »imprägnierenden« Zustimmung zur konkreten Kirche und zu innerkirchlichen Vorgängen, an Bedeutung gewinnen. Erstaunlicherweise hebt gerade ein evangelischer Theologe, nämlich Gottfried Maron, in seinem Ignatiusbuch genau die zentrale Bedeutung dieses Lobens bei Ignatius hervor: »Gegen das Schmähen wird das Loben, gegen das Kritisieren wird das Rühmen gesetzt. Das ist der entscheidende Beitrag des Ignatius zur katholischen Erneuerung im 16. und 17. Jahrhundert. Ihr eigentliches Geheimnis ist ein ›Pro‹ und nicht ein ›Contra‹; deshalb kann nicht nur von ›Gegenreformation‹, sondern es muss auch positiv von ›katholischer Reform‹ gesprochen werden. Das ignatianische Programm des Lobens ist ein Programm der Kirchenverehrung, der Kirchenliebe und der Kirchenfreude. Es ist ein zugleich innerliches und äußerliches Reformprogramm: Es wird zunächst eine *innere Haltung* gefordert und eingeübt, die aber weitgehend an *äußerliche Dinge und Verrichtungen* gebunden ist.«[13]

Nicht zufällig spricht Ignatius am *Anfang* und am *Ende* der Exerzitien vom Loben. Im »Fundament und Prinzip« der Exerzitien nennt er als erste Bestimmung des Menschen, wozu er geschaffen ist: »Gott, unseren Herrn, zu loben« (EB 23). Das bedeutet, der Mensch soll allein schon durch sein Dasein als sich verdankendes Geschöpf ein reines Lob Gottes sein. Darüber hinaus soll er mit allen ihm gegebenen Kräften bezeugen, dass »Gott gut ist«, dass er in seiner Güte eine gute, lebensfreundliche Schöpfung (und damit auch mich selbst!) ins Dasein gerufen hat, alle seine Geschöpfe darin täglich erhält und alle Dinge (auch mein eigenes Dasein) zum Guten wenden wird.

Am Ende der Exerzitien bezieht Ignatius mit den Regeln zum »Sentire cum ecclesia« (EB 352–370) nun bewusst auch Gottes vielfältiges Heilshandeln in der Kirche mit in dieses Lob ein. Es könnte im Einzelnen etwa so lauten: Es ist gut, dass es diese Kirche gibt, auch mit einem stabilen und zugleich flexiblen »Knochengerüst« (wie Hans Urs von Balthasar gern die kirchlichen Strukturen bezeichnet hat). Es ist gut, dass ich als Getaufter ein Glied der Kirche sein kann und von ihr immer neu das Wort Gottes, die Sakramente und den Glauben, die Hoffnung und die Liebe empfangen darf. Es ist gut, dass ich durch sie in die Freundschaft mit Jesus Christus, das getreue »Bild des unsichtbaren Gottes« (Kol 1,15), und in die Gemeinschaft seiner Freunde aufgenommen worden bin. Und es ist auch gut, dass sie mir durch ihre konkreten Weisungen hilft, den Willen Gottes für meinen Lebensweg besser zu erkennen.

Natürlich sind Gottes-Lob und »Kirchen-Lob« keineswegs dasselbe; aber sie dürfen in einem sakramentalen Kirchenverständnis auch nicht auseinandergerissen werden. Es ist darum theologisch legitim und spirituell heilsam, die Kirche als Gegenstand unseres Glaubens *und* als empirisch-konkrete Realität in das dankbare Lob Gottes mit hineinzunehmen – all dem Ärger und Kummer, die sie uns immer wieder bereitet, zum Trotz.

Ein unverzichtbarer Kontrapunkt: Der biblische Freimut

Spätestens an dieser Stelle meldet sich wohl bei manchem Leser ein starker Einwand: Wo bleibt in einer solchen »Kultur des Lobens« noch Raum für den biblisch-kritischen Freimut, die Parrhesia? Und zwar gerade dann, wenn es – wie bei Paulus gegenüber Petrus in Antiochia (Gal 2,11–14) – um die wahre christliche Freiheit gegenüber allen Formen einer starren Gesetzes- und Traditionsfrömmigkeit geht, die sich in unserer Kirche ja zu allen Zeiten, von der Urkirche an bis heute, in den Vordergrund drängen will!

Hier muss ich zunächst einem möglichen Missverständnis wehren: Die von Ignatius empfohlene »Kultur des Lobens« macht keineswegs blind oder stumm oder funktionärshaft angepasst! Das von ihm gemeinte Loben hat nichts zu tun mit dem allzu durchsichtigen Applaudieren kirchlicher Claqueure. Vom »Loben« bei Ignatius gilt vielmehr das, was der bekannte englische Schriftsteller C. S. Lewis einmal vom Loben im Allgemeinen gesagt hat: »Es ist mir entgangen, dass die demütigsten und gleichzeitig ausgewogensten und umfassendsten Geister am meisten loben, während es am wenigsten die Sonderlinge, Eigenbrötler und Unzufriedenen tun. [...] Wo nicht unerträglich widrige Umstände stören, scheint Lob nichts anderes zu sein als hörbare innere Gesundheit«[14], die meist auch mit einem gesunden Realismus einhergeht.

Wenn das stimmt, dann hat auch *innerhalb* einer solchen »Kultur des Lobens« der freimütige Einspruch und Widerspruch in der Kirche seinen legitimen Platz. Z. B. dann, wenn es um die stets neu zu erbittende und zu erringende Transparenz kirchlicher Strukturen und Verhaltensweisen auf Jesus Christus hin geht, auf sein befreiendes, in die Weite führendes, der Situation des einzelnen Menschen gerecht werdendes Handeln hin. Eben gemäß seinem Wort: »Der Menschensohn ist Herr über den Sabbat ...«, denn der »Sabbat (d. h. die Institution und die Tradition) ist für den Menschen da und nicht der Mensch für den Sabbat« (Mk 2,27 f.). Oder jenes Wort, das ich immer als einen bohrenden »Stachel im Fleisch« unserer Kirche mit ihren vielen Titulaturen und Rangunterschieden empfinde: »Bei euch soll es nicht so sein!« (Mk 10,43). Der biblische Jesus muss unter allen Umständen der bestimmende und uns oft genug auch beunruhigende Maßstab für die kirchlichen Strukturen bleiben – wenn wir seinen Geist in ihnen nicht auslöschen wollen.

Ein gutes Kriterium dafür, ob der kritische Freimut

sich wirklich verträgt mit einer ihn umgreifenden »Kultur des Lobens«, liegt in der *Sprache*, der sich Einspruch und Widerspruch bedienen: ob sie von Polemik und dem Wunsch nach (scheinbar klärender) Polarisierung bestimmt ist oder auf Versöhnung und Vermittlung hinzielt; ob sie also darauf achtet, den anderen nicht in *seinem* religiösen Empfinden, in *seinem* Fühlen mit der Kirche zu verletzen, sondern ihn zu verstehen und auch bei ihm den Wahrheitskern seines Christseins zu entdecken. Eine auf Verstehen und Versöhnen zielende Sprache hat durchaus die Kraft, sowohl die Dinge beim Namen zu nennen als auch verhärtete Fronten in Bewegung zu bringen. Sie kann sich zudem an einem realen kirchlichen Modell orientieren: an dem Stil der Kommunität von Taizé und ihrem weltweiten Weg der Versöhnung. Da wird weithin sichtbar das anziehende Bild einer versöhnten und versöhnenden Kirche vorgelebt. Kein Wunder, dass sich dort mit Vorliebe junge Christen aus allen Kontinenten, allen Kirchen und den verschiedensten kirchlichen Strömungen sammeln. Sie finden ebendort eine schier unversiegbare Quelle der Freude am Glauben und an der Kirche, aber zugleich auch einen Ort der Freiheit in ihr. Sich an solchen und vergleichbaren Orten anschaulich gelebter Kirchlichkeit zu orientieren dürfte ein guter Weg sein, die hier angedeutete Kunst immer besser zu erlernen: nämlich eine Kultur des Lobens zu verbinden mit einem der Versöhnung dienenden, kritischen Freimut in der Kirche.

4. Das ignatianische »Concretissimum« des Fühlens mit der Kirche: Gehorsam gegenüber dem Papst

Ein kurzer Blick in die Geschichte

Im November 1538 fassten die ersten Gefährten um Ignatius den folgenreichen Entschluss, sich ganz dem Papst zur Verfügung zu stellen. Ihr ursprünglicher Plan, nach Jerusalem zu ziehen und unter den Muslimen zu missionieren, war gescheitert. Wie sollte es nun mit der kleinen Gruppe weitergehen? Wie konnten sie ihren großen missionarischen Eifer so »kanalisieren«, dass er nicht ziellos verpuffte? Mit dieser Intention wandten sie sich an den Papst. Weil er als oberster Hirte der Kirche »besser als jeder andere die Nöte der ganzen Christenheit kennt« (so Peter Faber), soll er entscheiden, wo und in welchem kirchlichen Arbeitsfeld die Patres der Gesellschaft Jesu am besten ihrer Zielsetzung, »Gott zu dienen und den Seelen zu helfen«, gerecht werden könnten.[15] So kam es schließlich zum so genannten »Vierten Gelübde« der Jesuiten:

»Darüber hinaus verspreche ich besonderen Gehorsam gegenüber dem Papst in Bezug auf die Sendungen (circa missiones).«

Damit sind alle konkreten Aufgaben gemeint, die der Papst dem Orden als Ganzem oder einzelnen Ordensmitgliedern ausdrücklich überträgt. Insofern die Jesuiten auf diese Weise dem Willen des Papstes entsprechen, gewinnen sie zugleich die größtmögliche Sicherheit, dadurch auch den Willen Gottes zu erfüllen. Im Gehorsam gegenüber der Sendung durch den »Stellvertreter Christi auf Erden« (dies war der von Ignatius bevorzugte Titel des Papstes) erweist sich für sie am eindeutigsten auch der Gehorsam gegenüber ihrer Sendung durch Gott.

Darum ging es Ignatius und seinen ersten Gefährten primär. Aber bedingt durch den konkreten Einsatz zahlreicher Jesuiten in Deutschland, wo sie mit dem ausgesprochen papstfeindlichen Protestantismus konfrontiert wurden und wo im Zuge der sich gegenseitig verschärfenden Konfessionsbildung die katholische Kirche ihre Identität zunehmend in der vorbehaltlosen Identifizierung mit dem Papst sah, wird aus der ursprünglich rein *pastoralen* (oder missionarischen) »Option für den Papst« mehr und mehr auch eine *geistlich-existentielle* Option. Sie äußert sich darin, dass das Ereignis vom November 1538 schon bald als besondere Konkretisierung der ganzen Lebenshingabe im Dienst an und in der Kirche verstanden wurde. So nennt z. B. Peter Faber 1542 in seinem »Memoriale« den vier Jahre zuvor gefassten Entschluss, sich dem Papst zur Verfügung zu stellen, eine »Weihe«, ja »unser volles Lebensopfer« (»holocaustum«).[16] Ignatius selbst bezeichnet das Vierte Gelübde einmal als »unser Prinzip und hauptsächliches Fundament«[17].

Der Sinn dieses Gehorsams heute

Lässt sich die Begründung der ersten Gefährten um Ignatius für ihre starke Bindung an den Papst auch heute noch so aufrechterhalten wie im 16. Jahrhundert? Behält sie ihre Geltung auch im Rahmen des vom 2. Vatikanischen Konzil wiederentdeckten, in den ersten Jahrhunderten der Kirche sogar dominierenden Kirchenbilds, nach welchem die katholische Kirche als »communio«, als Gemeinschaft von vielen Ortskirchen (d. h. von Bischöfen geleiteten Bistümern), verstanden wird, und nicht mehr wie im Mittelalter vornehmlich als »Papstmonarchie«? Kirche als »communio« zu sehen bedeutet, die Einheit der universalen Kirche und die Vielfalt der Ortskirchen in ein ausgewogenes Gleichgewicht zu bringen. Das Konzil lehrt ausdrücklich: »Die eine und einzige katholische Kirche besteht in und aus den Teilkirchen« (LG 23) – und nicht etwa als eine von ihnen losgelöste, sei es ihnen übergeordnete oder ihnen nachgeordnete Größe. Darum wird diese katholische »Gemeinschaft von Kirchen« auch nicht vom Papst allein geleitet, sondern von ihm zusammen mit dem Bischofskollegium, dessen Haupt nach alter Tradition der Bischof von Rom ist. Auch wird der Papst heute (selbst im offiziellen Sprachgebrauch der Päpste und der kurialen Verlautbarungen) kaum mehr als »Stellvertreter Christi« bezeichnet; stattdessen stehen eher solche Titel im Vordergrund, die stärker seine Integration in das Bischofskollegium ausdrücken; also z. B. Oberster

Hirte der universalen Kirche, Bischof von Rom und (als solcher) Nachfolger des Petrus.
Der Titel »vicarius Christi« (Stellvertreter Christi) wurde erst von Papst Innozenz III. (1198–1216) ausschließlich für den Papst reserviert. Bis ins 11. Jh. stand dieser Titel allen Bischöfen als den Nachfolgern der Apostel zu (sogar dem König). Nur Nachfolger bzw. Stellvertreter des Petrus zu sein erschien Innozenz als unzureichend für den Papst. Im Zuge der Re-Integration des Papstamtes in das Bischofskollegium hat sich das 2. Vatikanische Konzil von dieser übersteigerten Papst-Ideologie distanziert. Der Titel ist darum inzwischen weitgehend obsolet geworden (außer in den Medien, die aus eher zweifelhaften Gründen sich gern noch solch überholter Superlative bedienen).[18]
Welchen Sinn könnte die klassische Option des heiligen Ignatius für den Papst und seine »Sendungen« in einem so gewandelten Kirchenbild haben? Diese Option hebt aus verständlichen, zeitbedingten Gründen nur das eine Strukturelement des universalkirchlichen Einheits- und Leitungsamtes hervor, ebendas Amt des Papstes. Dennoch behalten die für Ignatius und seine Gefährten damals maßgeblichen Gründe auch für unsere Gegenwart ihren guten Sinn – auch über den Jesuitenorden hinaus. Denn das Petrusamt bildet zweifellos das konkreteste, weil in der einen Person des Bischofs von Rom sich »kon-zentrierende« Zeichen der *Einheit* und zugleich der *Universalität* der katholischen Kirche. Die Bindung an dieses strukturelle »Concretissimum«

der Kirche ist und bleibt für ein katholisches Kirchenverständnis der eindeutigste Prüfstein dafür, wie ernst das Ja zur konkreten und damit zur universalen Kirche gemeint ist. Insofern gehört es auch zu einer heutigen, ignatianisch geprägten Kirchen-Spiritualität und Kirchen-Theologie, im Gegensatz zu manchen nachkonziliaren Tendenzen einer Reduzierung des geistlichen und theologischen Charakters der Kirche auf die Gemeinden vor Ort oder – noch intimer – auf die kleinen persönlichen Gemeinschaften und Glaubenszellen, gerade den universalen Charakter der Kirche und ihrer Einheit stark zu machen. Dies aber schließt auch ein eindeutiges Ja zu einem universalkirchlichen, strukturell wirksamen Einheitsdienst des Nachfolgers Petri ein.

Dessen Wirksamkeit wird keineswegs durch seine heute zu Recht betonte Einbindung in das weltumspannende Kollegium der Bischöfe und damit in die Communio der Kirche gemindert. Im Gegenteil: Wenn beide Größen, Papst und Bischofskollegium, sich wechselseitig in ihren jeweiligen Zuständigkeitsbereichen stärken und dabei das Subsidiaritätsprinzip beachten, dienen sie der Einheit der universalen Kirche am besten. Dagegen schwächt – wie die Kirchengeschichte bis in unsere Gegenwart hinein zeigt – ein strukturelles Übergewicht der einen Seite nicht nur die andere Seite, sondern mehr noch den beiden Seiten gemeinsam von Christus aufgetragenen Einheitsdienst; kommt es doch dadurch zu innerkirchlichen Polarisierungen, die die

Einheit des Volkes Gottes und damit auch sein Glaubenszeugnis vor der Welt unnötig gefährden.
In dieser Frage eines ausbalancierten, auch kirchenrechtlich verbindlich geordneten Verhältnisses zwischen primatialem und kollegialem Leitungsdienst in der Kirche sind die dogmatischen Ansätze des 2. Vatikanischen Konzils noch sehr unbefriedigend in der nachkonziliaren Kirche verwirklicht worden. Solange aber dem kollegialen bzw. synodalen Element nicht ein stärkeres Gewicht zuerkannt wird, werden die ökumenischen Bemühungen um eine größere, auch institutionell greifbarere Einheit der Kirchen nicht sehr viel weiterkommen, weder im Gespräch mit den orthodoxen Kirchen noch mit denen der Reformation.
Zuweilen kann man selbst als Katholik zweifeln, ob sich das Lehramt der katholischen Kirche bewusst ist, wie sehr ein Fortschritt im ökumenischen Dialog von einer diesbezüglichen Reform innerhalb der katholischen Kirche abhängt.

5. Das Fühlen mit der Kirche einüben

Ignatius hat die Regeln zur »wahren kirchlichen Gesinnung« zwar in den größeren Rahmen seiner »Geistlichen *Übungen«* gestellt. Aber er zeigt nur an einigen Beispielen auf, worin sich dieser »Sinn« für die konkrete Kirche ausdrücken kann. Z. B. im Loben traditioneller, von den Humanisten und Reformatoren in Frage gestellter Frömmigkeitsformen (s. o.); oder durch ein vorsichtiges und zurückhaltendes Reden in der Öffentlichkeit über theologisch seinerzeit umstrittene Themen, z. B. die Prädestination (EB 366 f.) oder die Rechtfertigung allein durch den Glauben und die Gnade; denn dadurch könnte die Heilsbedeutung der guten Werke und der menschlichen Freiheit leicht abgewertet werden (EB 368 f.); oder schließlich auch durch das kluge Vermeiden einer solchen Kritik an kirchenamtlichen Verlautbarungen oder an anstößigen Verhaltensweisen der Vorgesetzten, die das Volk gegen diese aufbringen könnte (EB 362).

Natürlich kann das gehorsame Befolgen solcher Anweisungen auch schon ein Weg sein, in eine gute »kirchliche Gesinnung« hineinzuwachsen. Ich sehe allerdings auch die Gefahr, dass es hier bei einem bloß äußerlich-formal vollzogenen »Gehorsam des Willens und Verstandes« bleiben könnte. Ein solcher Minimalismus wäre sicher nicht im Sinn der ignatianischen Spiritualität; ihr geht es ja generell sowohl um den Komparativ des »Magis«, des »Je mehr« in der Nachfolge Jesu (und damit auch in der Treue zu seiner Kirche), als auch um das »Fühlen und Verkosten der Dinge (= Glaubensgehalte) von innen« (EB 2). Wie also kann im Verhältnis zur konkreten Kirche auch das Herz eines glaubenden Menschen so berührt werden, dass er sein Ja zu dieser Kirche immer neu von innen heraus, aus einer ihm in Fleisch und Blut übergegangenen Liebe zu ihr sprechen kann? Dazu möchte ich im Folgenden zwei »Übungswege« vorschlagen.

Eine Reich-Gottes-Entdeckungsreise im Raum der Kirche

Wer zu Beginn der Exerzitien das so genannte »Prinzip und Fundament« (EB 23), zumal den Abschnitt über die »Indifferenz«, betrachtet, sieht sich dabei unweigerlich mit der Frage an sich selbst konfrontiert: Was ist es eigentlich, das mir am ehesten die von Ignatius so empfohlene Indifferenz raubt, also den geistlichen »Gleichmut«, die großherzige Gelassenheit gegenüber den irdischen Realitäten (EB 23)? Wo hapert es bei mir am stärksten mit einer richtig verstandenen Indifferenz? Viele kirchlich engagierte und identifizierte Menschen stoßen genau bei diesen Fragen auch immer wieder auf bestimmte innerkirchliche Vorgänge, die sie zutiefst beunruhigen, verärgern oder gar verletzen. Sie kommen auch in Exerzitien nicht leicht davon los. Denn wie kann man Jesus vollen Herzens nachfolgen, wenn man nicht im Frieden mit seinem Leib, der Kirche, lebt?

Für mich hat sich hier im Laufe der Zeit ein recht hilfreicher Weg aufgetan. Er ist von einem Bonmot inspiriert worden, welches das bekannte Wort Jesu aus der Bergpredigt (Mt 6,33) noch etwas ergänzt: »Suchet zuerst das Reich Gottes und seine Gerechtigkeit, alles andere wird euch dazugegeben – auch die Kirche!« Ja, es stimmt in der Tat: Auch die Kirche ist letztlich nur eine Zu-Gabe zum Reich Gottes. Sie ist nicht das Ziel aller Heilswege Gottes. Gott braucht sie als »Zeichen und Werkzeug«, als »Sakrament« seines allumfassenden Heilswillens (vgl. LG 1). Erst wenn dieser Heilswille sich einmal ganz und gar vollendet in dem, was Jesus mit »Gottes Herrschaft und Reich« bezeichnet hat, was in ihm bereits real angebrochen ist und darum auch unter uns gegenwärtig bleibt (wenn auch nur im Fragment), erst dann hat auch die Kirche ihren Sinn erfüllt und ihr Ziel erreicht; dann kann sie sich zusammen mit der ganzen Schöpfung ins Reich Gottes hinein »aufheben« lassen.

Für unser »Fühlen« mit der allerdings noch sehr irdischen Kirche hängt viel davon ab, ob diese theologische Einsicht den Weg vom Kopf ins Herz findet; ob also unser ganzes Sinnen und Trachten in der Kirche auf das kommende Reich Gottes hin ausgerichtet ist. Denn erst dann können sich viele ungute Fixierungen auf innerkirchliche Zu- und Missstände lösen; können falsche Gewichtungen, die wir in unseren Kirchen wahrnehmen, zurechtgerückt werden; können unrealistisch überzogene Erwartungen an die Kirche, sei es an ihr Leitungsamt oder sei es auch an die »normalen Gläubigen«, in ein vernünftiges Maß gebracht werden; können schließlich auch tiefe, in der Kirche erfahrene Verwundungen langsam heilen.

Die Frage ist nur: Wie kommt man dahin? Wie kann dieses von der Theologie uns angebotene Kirchenverständnis so in die emotionalen Tiefenschichten unseres Glaubens gelangen, dass es sich heilend und befreiend auf unser persönliches Kirchenverhältnis auswirkt? Dafür braucht es erfahrungsgemäß eine lange und geduldige *Schulung unseres Blicks* auf die Kirche. Eines Blicks, der bewusst von der Absicht motiviert ist, in der Kirche zuallererst jene Phänomene wahrzunehmen und wertzuschätzen, die sie erfahrbar zu einem *Gleichnis* des Reiches Gottes machen. Jesus hat bekanntlich das mit ihm bereits »im Prinzip« gekommene Reich Gottes vornehmlich in Zeichen und Gleichnissen verkündet. Wie auch sonst? Anders als in dieser sakramentalen Vermittlung ist uns das Reich Gottes während unserer irdischen Pilgerschaft nicht zugänglich. Darum mein Vorschlag: Versuchen wir konsequent, die Gleichnisse Jesu vom Reich Gottes auf unsere heutige Kirchenwirklichkeit auszuweiten und uns zu fragen: Welche »ekklesiologischen Gleichnisse« für das Reich Gottes können wir in ihr entdecken? Wo gibt es in unserer Kirche real Zeichen, die darauf hindeuten, dass der Samen des Wortes Gottes noch immer aufgeht, dass der Sauerteig des Evangeliums in der Welt am Wirken ist, dass wir Christen durch unsere »guten Werke« zum »Licht der Welt« und zur »Stadt auf dem Berg« werden?

Ich möchte hier nur (ganz unsystematisch) einige Beispiele nennen, in denen für mich immer wieder solch ein Vorschein des Reiches Gottes in unserer Kirche aufleuchtet, der sie liebenswert macht. Sie mögen den Leser zu einer eigenen Reich-Gottes-Entdeckungsreise im Raum der Kirche anregen!

Lässt es sich nicht als ein Gleichnis des Reiches Gottes verstehen, wenn die Kirche mehr und mehr lernt, die »Fruchtbarkeit« ihrer Verkündigung nicht so sehr in großen Zahlen und erfolgreichen Events zu sehen, sondern da, wo heute allerorten lebendige Glaubenszellen (»Biotope des Glaubens«, »Lebenshilfegruppen im Glauben«, geistlich-gemeindliche Zentren, »Kleine Christliche Gemeinschaften« u. a.) entstehen? Orte des Glaubens also, die wie Oasen in einer spirituell allmählich versteppenden Kirchenlandschaft sowohl von Kirchentreuen als auch von Kirchenfernen aufgesucht werden. Hier wird sich die Kirche gut im Bild des unscheinbaren Senf- oder Weizenkorns wiedererkennen.

Auch dort wird Kirche zu einem solchen Gleichnis, wo das Interesse an ihrer institutionellen Selbsterhaltung nicht die Absichtslosigkeit des göttlichen Heilshandelns verdunkelt; wo wir – wie unser »himmlischer Vater, der seine Sonne aufgehen lässt über Gerechten und Ungerechten« (vgl. Mt 5,45) – die Menschen rein um ihrer selbst, um ihres Heiles willen aufsuchen, aufnehmen und begleiten, ohne dabei immer schon die Vergrößerung unseres Mitgliederstandes im Blick zu haben (was sicher ein erfreulicher Nebeneffekt wäre, aber niemals die direkte Intention unseres seelsorgerlichen Handelns sein kann).

An vielen Orten in der Kirche wird die Freundschaft mit den Armen und Notleidenden (in welcher Form auch immer – vgl. Mt 25,31 ff.) als das Herzstück der Nachfolge Christi nicht nur verbal betont, sondern auch sehr anschaulich gelebt (für mich z. B. in den Gemeinschaften der von Jean Vanier ins Leben gerufenen und von ihm inspirierten »Arche«). Da braucht es nicht viele Worte, um einzusehen, dass ohne diese lebendige Mitte, ohne diese gelebte Freundschaft und Solidarität mit den »Kleinen« des Evangeliums jede noch so schöne und den kirchlichen Normen entsprechende Liturgie, jede noch so gescheite oder orthodoxe oder fromme Theologie oder jedes noch so exakt erfüllte Gesetz des Kirchenrechtes doch nur »tönendes Erz und lärmende Pauke« sind (vgl. 1 Kor 13). Das lässt einen angesichts manchen (heute wieder fröhliche Urständ feiernden) liturgischen, dogmatischen oder kirchenrechtlichen Übereifers gelassen bleiben.

Ich schöpfe immer wieder Zutrauen zur Kirche aus jenen Initiativen und Interventionen, in denen sie weltweit im Namen der Humanität und der Würde des Menschen, gerade des wehrlosen, ihre Stimme erhebt – sei es gelegen oder ungelegen, ob der »Political Correctness« gemäß oder nicht, auch wenn sie selbst davon zunächst einmal nur Nachteile hat.

Ferner: Wie viele Gläubige gibt es doch, die den für eine aufgeklärte Kultur ziemlich »unvernünftigen« Mut besitzen, eine nur partielle oder nur auf Zeit eingegangene Identifizierung mit der Kirche (also mit eingebauten Rückzugsmöglichkeiten) für sich abzulehnen und sich gegen den Trend eindeutig zu ihr, zu ihrer ganzen Konkretheit und Menschlichkeit zu bekennen (ohne dabei einer unkritischen Parteigänger-Mentalität zu erliegen).

Zumal in jenen Gläubigen wird die Kirche transparent für Gott und sein Reich, die (gemäß 1 Kor 3) so »töricht« sind und der »unnützen«, absichtslosen Anbetung und Kontemplation viel Zeit, ja zuweilen ihr ganzes Leben schenken – in welcher konkreten Lebensform auch immer.

Die Kirche hat in vielen Ländern und Kontinenten (oft nach schmerzlichen Erfahrungen) gelernt, dass das Reich Gottes nicht mit den weltlichen Mitteln der Macht und des politischen Einflusses zu »bauen« ist. Um Menschen für das Evangelium zu gewinnen und in seinem Geist eine Kultur zu »durchsäuern«, bedarf es vielmehr eines lernfähigen, den eigenen Glauben demütig und entschieden zugleich bezeugenden Dialogs mit der betreffenden Kultur (vgl. dazu den Brief der französischen Bischöfe: »Den Glauben anbieten in der heutigen Gesellschaft«).[19]

Ein letztes Beispiel: Das schonungslose Offenlegen so vieler Misshandlungen und des sexuellen Missbrauchs von jungen Menschen durch Ordensleute und Priester hat die Kirche in zahlreichen Ländern in eine existentielle Krise geführt. Wie kann das verlorengegangene Vertrauen wieder zurückgewonnen werden? Wohl nur dadurch, dass die Kirche weiterhin unbeirrt und vielleicht sogar modellhaft für andere gesellschaftliche Institutionen dem einmal begonnenen Prozess des Umdenkens treu bleibt: nämlich endlich der Gerechtigkeit und Wahrhaftigkeit eindeutig den Vorrang einzuräumen vor der Wahrung des Images der Institution. So kann es auf lange Sicht eine heilsame Krise sein, die der gründlichen und darum auch schmerzlichen Reinigung des kirchlichen Gewissens dient.

Die Beispiele ließen sich noch lange fortsetzen. Der springende Punkt bei all dem ist deutlich geworden: Wer sich in seinem Blick auf die heutige Kirche von der Reich-Gottes-Botschaft Jesu leiten lässt, wird nicht nur am Kontrast leiden, sondern auch in der gegenwärtigen Situation unserer Kirche genügend Gleichnisse und Zeichen dieses Reiches entdecken können. Die Freude an der Kirche, die davon geweckt werden kann, wird häufig keine allzu überschwängliche sein, die die Menge der entgegenstehenden Phänomene einfach übertönen könnte. Es wird wohl eher eine leise und dennoch starke, tief verwurzelte Freude sein, die genau deswegen auch andere mit ihrer Zuversicht anzustecken vermag.

Ich möchte diese »Geistliche Übung« zur Schulung unseres Blicks auf die Kirche abschließen mit einem sehr drastischen und zugleich humorvollen Text von Albert Görres; er hat ihn in seiner Auseinandersetzung mit Eugen Drewermann in den 80er Jahren des letzten Jahrhunderts formuliert. Dabei geht es mir hier nicht speziell um Eugen Drewermann, sondern um eine weitverbreitete Einstellung zur Kirche, für die dieser als Modell stehen kann. Albert Görres schreibt:

»Mein Haupteinwand gegen Drewermann sei also klar formuliert: Die Kirche ist, wie die Sonne, für alle da. Für Gerechte und Ungerechte, Sympathen und Unsympathen, Dumme und Gescheite; für Sentimentale ebenso wie Unterkühlte, für Neurotiker, Psychopathen, Sonderlinge, für Heuchler und solche wie Natanael, ›an denen kein Falsch ist‹ (Joh 1,47); für Feiglinge und Helden, Großherzige und Kleinliche. Für zwanghafte Legalisten, hysterisch Verwahrloste, Infantile, Süchtige und Perverse. Auch für kopf- und herzlose Bürokraten, für Fanatiker und auch für eine Minderheit von gesunden, ausgeglichenen, reifen, seelisch und geistig begabten, liebesfähigen Naturen.

Die lange Liste ist nötig, um klarzumachen, was man eigentlich von einer Kirche, die aus allen Menschensorten ohne Ansehen der Person, von den Gassen und Zäunen wie wahllos zusammengerufen ist und deren Führungspersonal aus diesem bunten Vorrat stammt, erwarten kann – wenn nicht ständig Wunder der Verzauberung stattfinden, die uns niemand versprochen hat. Heilige, Erleuchtete und Leuchtende sind uns versprochen. Wer sie sucht, kann sie finden. Wer sie nicht sucht, wird sie nicht einmal entdecken, wenn sie jahrelang neben ihm gehen, weil er sie vielleicht nicht wahrhaben will oder kann.

Drewermann scheint zu meinen, er könne eine andere Kirche fordern, der die Heiligkeit, Weisheit und Liebe aus den Augen leuchtet. Das kann er nicht. Der immer und überall in ihr anwesende Geist ist ein verborgener Gott, latens Deitas, sagt Thomas von Aquin, Deus absconditus, sagt Luther. Ein Gott, der sich zeigt, wann und wem er will. Er preist die selig, die nicht sehen und doch glauben. Sie brauchen keine strahlende Kirche, weil sie den Glanz des Heiligen auch durch rußgeschwärzte Scheiben wahrnehmen.«[20]

Mit der Bibel die Kirche meditieren

Ein zweiter Übungsweg, die Liebe zur konkreten Kirche tiefer und enttäuschungsresistenter in uns zu verankern, ist dem eben Skizzierten verwandt, geht aber methodisch etwas anders voran. Er versucht nicht so sehr, die Reich-Gottes-Gleichnisse Jesu und seine entsprechenden Zeichenhandlungen in der heutigen Kirchensituation neu zu entziffern. Er möchte vielmehr in den biblischen Texten selbst (auf den ersten Blick verborgene) Bilder der Kirche entdecken, um so ihrem theologischen Geheimnis näherzukommen. Diese so genannte »typologische« Auslegung der Schrift stammt aus der geistlichen Tradition der Patristik und des hohen Mittelalters. Mir persönlich wurde sie vor allem erschlossen durch die Schriften von Henri de Lubac, Yves Congar, Hans Urs von Balthasar, Hugo und Karl Rahner. Durch diese »Übung« lassen sich überraschende Zugänge zum »Phänomen Kirche« erlernen, die uns Heutigen weitgehend fremd geworden sind; sicher eine Folge der Dominanz der historisch-kritischen Bibelexegese in der Neuzeit.

Wenn wir uns dennoch nicht davon abbringen lassen, auch wieder mehr in die »Bibelschule« der großen geistlichen und mystischen Tradition der Kirche zu gehen, merken wir sehr schnell: Dort wird über die Kirche nicht vor allem reflektiert, diskutiert oder räsoniert; die Kirche wird einfach »meditiert«. Das heißt: Zahlreiche Texte der Heiligen Schrift werden symbolisch auf das Verhältnis zwischen Christus und der Kirche ausgelegt und ausgekostet. Ich versuche seit Längerem, mir diesen Zugang zum Wort Gottes anzueignen. Beim Lesen und Betrachten der Bibel frage ich mich darum nicht mehr nur: Wie komme *ich* darin vor? Was sagt dieser Text *mir* persönlich? Sondern auch: Wie kommt in diesem Text die *Kirche* vor? Welches Bild von *Kirche*, welche Ermahnungen und Ermutigungen für die *Kirche* lassen sich in dieser Szene, in diesem Gleichnis, in dieser Erzählung entdecken? Hier nur ein paar Beispiele solcher »Kirchenmeditationen«:

Carlo M. Kardinal Martini hat einmal sehr treffend die Erzählung von der Hochzeit zu Kana (Joh 2,1–11) auf die heutige Kirche ausgelegt.[21] »Sie haben keinen Wein mehr«: Warum geht uns heute so schnell der Wein aus, also die »Freude des Evangeliums«, so dass die Kirche oft eher den Eindruck einer Trauerversammlung als einer Hochzeitsgesellschaft macht? Ist es die rastlose Überanstrengtheit unserer vielen organisatorischen Bemühungen? Oder sind viele unserer Strukturen, Riten und Formeln bereits so »versteinert« wie die leeren Wasserkrüge in Kana? »Was er euch sagt, das tut«: Der Funke der Freude am Glauben kann wohl nur dann noch überspringen und die große Zahl der Müden und Gleichgültigen erreichen, wenn wir uns jeden Tag neu von Jesus, der menschgewordenen Sympathie Gottes zu seinen Geschöpfen, inspirieren lassen, wenn wir einfach ihn durch uns sprechen und handeln lassen und ganz absichtslos seine Botschaft von der Menschenfreundlichkeit Gottes zu leben versuchen.

Oder die Geschichte von der Auferweckung des Sohnes einer Witwe in Nain (Lk 7,11–17): Können wir darin nicht auch ein Bild für die Kirche sehen, die um ihre (geistlich) »toten« Kinder *weint* (statt sie vorschnell auszugrenzen und als »Karteileichen« abzuschreiben)? Jesus lässt sich auch heute von diesem Weinen anrühren und berührt darum auch die (geistlich) »Toten«; er kann die Grenzen zwischen »lebenden« und »toten« Gliedern der Kirche durchbrechen; er kann die »Toten« auferwecken und sie der »Mutter Kirche« zurückgeben; und er vertraut sie ihr aufs Neue an, damit sie dieses neue Leben ihrer »Kinder« gut hüte und nicht zugrunde gehen lasse. Wenn die Kirche ihrerseits so auf den totenerweckenden Herrn in ihrer Mitte vertraut, kann sie ein viel gelasseneres Verhältnis zu den zahlreichen »treuen Kirchenfernen« gewinnen, selbst zu denen, die ihr ganz den Rücken zugekehrt haben.

Oder die Heilung der gekrümmten Frau in der Synagoge (Lk 13,10–17): Kann sie nicht auch ein Bild für unsere Kirche sein? Von welchen »Dämonen« lässt sich die Kirche denn so plagen, dass sie oft wie gekrümmt wirkt und nicht mehr aufrecht, voller Lebensmut und Lebensfreude gehen kann? Hört sie noch, wie Jesus sie zu sich ruft? Spürt sie noch die Nähe der heilenden Hände Jesu: in seinem Wort, in seinen bleibend wirksamen Heilszeichen, in den geringsten seiner Schwestern und Brüder, in der um ihn versammelten Gemeinschaft? Oder identifiziert sie sich doch zuweilen lieber mit dem Synagogenvorsteher, der über die Freiheit Jesu empört ist, mit der dieser alle geheiligten Bräuche und Vorschriften um des konkreten Menschen, um seines Heils willen relativiert?
Solches biblisches Meditieren über die Kirche steht kaum in Gefahr, sich in ein schönes spirituelles Idealbild von Kirche hineinzuträumen; hält es doch gerade die »gefährliche Erinnerung« (Johann Baptist Metz) an Jesus Christus und seine ursprüngliche Sammlung des Volkes Gottes wach. Wessen Blick auf die Kirche sich in der geistlichen und mystischen Tradition unseres Glaubens schulen lässt, der vermag mit der Zeit sehr deutlich zu erkennen: Auch die institutionelle Gestalt der Kirche birgt in sich – oft verborgen unter dem Gegenteil – mehr an »Widerschein« der Schönheit Christi (vgl. LG 1), als wir auf den ersten Blick wahrzunehmen gewohnt sind.
Am Ende dieses Kapitels soll die bekannte »Kirchenmeditation« von Karl Rahner aus dem Jahre

1947 stehen. Mit ihr beschließt er seinen damaligen Artikel »Kirche der Sünder«. Ganz im Stil der Kirchenväter deutet er die Begegnung Jesu mit der Ehebrecherin (Joh 8,1–11) typologisch auf die Kirche und ihr Verhältnis zu ihrem Herrn:

»Die Schriftgelehrten und Pharisäer – es gibt solche ja nicht nur in der Kirche, sondern überall und in allen Verkleidungen – werden immer wieder ›die Frau‹ vor den Herrn schleppen und sie mit dem geheimen Hochgefühl, daß ›die Frau‹ – Gott sei Dank – doch auch nicht besser ist als sie selbst, anklagen: ›Herr, diese Frau ist beim Ehebruch auf frischer Tat ertappt worden. Was sagst du dazu?‹ Und diese Frau wird es nicht leugnen können.

Nein, es ist ein Ärgernis. Und es gibt nichts zu beschönigen. Sie denkt an ihre Sünden, weil sie sie wirklich begangen hat, und sie vergißt darüber (wie könnte die demütige Magd anders?) die verborgene und offenbare Herrlichkeit ihrer Heiligkeit. Und so will sie nicht leugnen. Sie ist die arme Kirche der Sünder. Ihre Demut, ohne die sie nicht heilig wäre, weiß nur von ihrer Schuld. Und sie steht vor dem, dem sie angetraut ist, vor dem, der sie geliebt und sich für sie dahingegeben hat, um sie zu heiligen, vor dem, der ihre Sünde besser kennt als ihre Ankläger. Er aber schweigt. Er schreibt ihre Sünde in den Sand der Weltgeschichte, die bald ausgelöscht sein wird und ihre Schuld mit ihr. Er schweigt eine kleine Weile, die uns Jahrtausende scheint. Und er verurteilt diese Frau nur durch das Schweigen seiner Liebe, die begnadet und freispricht. In allen Jahr-

hunderten stehen neue Ankläger neben ›dieser Frau‹ und schleichen immer wieder davon, einer nach dem andern, von den Ältesten angefangen; denn es fand sich nie einer, der selbst ohne Sünde war.
Und am Ende wird der Herr mit der Frau allein sein. Und dann wird er sich aufrichten und die Buhlerin, seine Braut anblicken und sie fragen: ›Frau, wo sind sie, die dich anklagen? Hat keiner dich verurteilt?‹ Und sie wird antworten in unsagbarer Reue und Demut: ›Keiner, Herr.‹ Und sie wird verwundert sein und fast bestürzt, daß keiner es getan hat. Der Herr aber wird ihr entgegengehen und sagen: ›So will auch ich dich nicht verurteilen.‹ Er wird ihre Stirn küssen und sprechen: ›Meine Braut, heilige Kirche.‹«[22]

Anmerkungen

[1] In: W. Dirks/E. Stammler (Hrsg.), Warum bleibe ich in der Kirche? München 1971, 58 f.

[2] Vgl. M. Kehl, Freude an der Kirche, in: GuL 44 (1971), 321–328.

[3] Vgl. M. Kehl, Die Kirche. Eine katholische Ekklesiologie. Neuauflage Verlag J. H. Röll, Dettelbach 2009, 402–409: »Heilige und sündige Kirche«. Das Konzil spricht in LG 8 von der »ecclesia semper purificanda«.

[4] Augustinus, Sermo 272 (= PL 38, 1247 f.).

[5] Vgl. K. Rahner, Kirche der Sünder, in: Schr. z. Th. VI, Einsiedeln [2]1968, 301–320; ders., Sündige Kirche nach den Dekreten des Zweiten Vatikanischen Konzils, aaO. 321–347; H. U. v. Balthasar, Casta Meretrix, in: ders., Sponsa Verbi. Skizzen zur Theologie II, Einsiedeln 1961, 203–305; Y. Congar, Comment l'église sainte doit se renouveler sans cesse?, in: Sainte Eglise, Paris 1963, 131–154; ders., Sünde und Versagen in der Kirche, in: J. Feiner-M. Löhrer (Hrsg.), MySal IV/1, Einsiedeln 1972, 468–471: »Wir finden indessen bei den Vätern oft einen Gedanken, der heute kaum mehr lebendig zu sein scheint: Christus hat die Kirche als Sünderin gefunden und hat sie heilig gemacht, er hat sie als beschmutzte angenommen und wieder rein gemacht. Die Väter denken dabei an die menschliche Natur, mit der sich der Logos durch die Inkarnation vermählt hat … Deshalb sehen die Väter die Kirche symbolisiert in den Frauen der Schrift, die – mit Ausnahme der Jungfrau Maria, des vollkommenen Typus und ›der eschatologischen Ikone‹ der Kirche (L. Bouyer) – begnadete Sünderinnen sind: Rahab, Thamar, Maria Magdalena usw. Die Kirche ist nur heilig, weil sie der Sünde entrissen wurde« (ebd. 470).

[6] Karl Kardinal Lehmann, Kirche der Sünder, Kirche der Heiligen, in: FAZ vom 1. April 2010, S. 6.

[7] Vgl. dazu U. Luz, Das Evangelium nach Matthäus (Mt 18–25), EKK I/3, Zürich, Düsseldorf, Neukirchen-Vluyn 1997, 17–24 und Thomas Söding, Der Mühlstein, in: CiG 17 (2010), 181 f.

[8] K. Rahner, Kirche der Sünder, aaO. 310.

[9] H. U. v. Balthasar, Casta Meretrix, aaO. 221.

[10] Vgl. dazu E. M. Faber, Sentire cum Ecclesia, in: LthK 9, Freiburg [3]2000, 471 f.; W. Löser, Die Regeln des Ignatius v. Loyola zur

kirchlichen Gesinnung, in: GuL 57 (1984), 341–352; J. G. Gerhartz, »Sentire cum ecclesia«, in: GuL 67 (1994), 15–28.

[11] Vgl. dazu M. Kehl, Was gibt Ignatius der Ekklesiologie nach dem 2. Vatikanischen Konzil zu denken? in: Th. Gertler, St. Kessler, W. Lambert (Hgg.), Zur größeren Ehre Gottes, Freiburg 2006, 126–140; A. Lefrank, Freiheit und Gehorsam, in: ebd., 160–179.

[12] R. Guardini, Freiheit, Gnade, Schicksal, München ²1949, 233 f.

[13] G. Maron, Ignatius von Loyola. Mystik – Theologie – Kirche, Göttingen 2001, 135 f.

[14] C. S. Lewis, Das Gespräch mit Gott. Bemerkungen zu den Psalmen, Einsiedeln, Zürich, Köln, 1959, 127 f.

[15] A. Ravier, Ignatius von Loyola gründet die Gesellschaft Jesu, Würzburg 1982, 27–38; J. G. GERHARTZ, Von Jerusalem nach Rom. Der Weg des Ignatius zu seiner Kirchlichkeit, in: A. Falkner/P. Imhof (Hgg.), Ignatius von Loyola und die Gesellschaft Jesu 1491–1556, Würzburg 1990, 93–104.

[16] P. Faber, Memoriale, nr. 18, in: MHSI 68, 498.

[17] Declarationes circa missiones (1544–1545), in: MHSI 63, 162.

[18] Insofern wirkt die Wiederbelebung dieses Sprachgebrauchs in manchen neueren Dokumenten des Jesuitenordens eher befremdlich.

[19] »Den Glauben anbieten in der heutigen Gesellschaft«. Brief an die Katholiken Frankreichs (1996), in: Deutsche Bischofskonferenz, Stimmen der Weltkirche Nr. 37, Bonn 2000. Vgl. dazu auch das analoge Rundschreiben der deutschen Bischöfe: »Zeit zur Aussaat«. – Missionarisch Kirche sein, in: Die deutschen Bischöfe, Nr. 68, Bonn 2000.

[20] A. Görres, Erneuerung durch Tiefenpsychologie? In: ders./W. Kasper u. a. (Hgg.), Tiefenpsychologische Deutung des Glaubens? (QD 113), Freiburg 1988, 133–174.

[21] C. M. Martini, Was er euch sagt. Leben aus der Freude des Evangeliums, Freiburg 1989.

[22] K. Rahner, Kirche der Sünder, in: Schr. z. Th. VI., 319 f. (Eine kleine Änderung beim Zitieren des Textes habe ich mir gestattet: Rahner spricht noch durchgehend von dem »Weib« statt von der »Frau«, so wie es seinerzeit auch noch im Ave Maria üblich war).

In der Reihe **Ignatianische Impulse** sind bisher erschienen:

Band 1: Willi Lambert, **Das siebenfache Ja,** Exerzitien – ein Weg zum Leben
Band 2: Stefan Kiechle, **Sich entscheiden**
Band 3: Piet van Breemen, **Alt werden als geistlicher Weg**
Band 4: Heiner Geißler, **Glaube und Gerechtigkeit**
Band 5: Cordula und Ottmar Leidner, **Weil ich mit dir wachsen möchte,** Herausforderung Ehe
Band 6: Klaus Mertes, **Verantwortung lernen,** Schule im Geist der Exerzitien
Band 7: Karl Frielingsdorf, **Gottesbilder,** Wie sie krank machen – wie sie heilen
Band 8: Christian Troll, **Als Christ dem Islam begegnen**
Band 9: Bernd Hagenkord, **jugend@gott**
Band 10: Claudia Bausewein, **Sterbende begleiten**
Band 11: Willi Lambert, **Wovon die Liebe lebt,** Eucharistie und Lebenskultur
Band 12: Eckhard Frick, **Sich heilen lassen**
Band 13: Stefan Kiechle, **Macht ausüben**
Band 14: Franz Jalics, **Der kontemplative Weg**
Band 15: Ignatius von Loyola, **In allem – Gott**
Band 16: Gundikar Hock (Hg.), **Ergriffen vom Feuer**
Band 17: Michael Hainz, **Freundschaft mit Armen**
Band 18: Christian Herwartz, **Auf nackten Sohlen,** Exerzitien auf der Straße
Band 19: Albert Keller, **Sinn im Unsinn,** Worüber Jesuiten lachen
Band 20: Christoph Benke, **Sehnsucht nach Spiritualität**
Band 21: Alfred Delp, **Im Angesicht des Todes**
Band 22: Peter Balleis, **Leidenschaft für die Welt**
Band 23: Josef Maureder, **Mensch werden – erfüllt leben**
Band 24: Martin Maier, **Pedro Arrupe – Zeuge und Prophet**
Band 25: Jon Sobrino, **Der Preis der Gerechtigkeit**
Band 26: Piet van Breemen, **Im Geheimnis daheim.** Hilfen aus der Bibel
Band 27: Bernhard Waldmüller, **Gemeinsam entscheiden**

Band 28: Christian Rutishauser, **Christsein im Angesicht des Judentums**

Band 29: Thilo Esser/Meike Wagener-Esser, **Als Familie im Glauben wachsen**

Band 30: Elmar Mitterstieler, **Den verschwundenen Flüssen nachgehen.** Gedanken zur geistlichen Begleitung

Band 31: Felix Genn, **Es würde der Welt etwas fehlen.** Pastorale Impulse aus dem Geist der Exerzitien

Band 32: Hermann Kügler, **Versuchungen widerstehen?**

Band 33: Vitus Seibel (Hg.), **Was bedeutet Dir Jesus Christus?**

Band 34: Stefan Kiechle, **Spielend leben**

Band 35: Elke Rüegger-Haller, **Aufstehen und heilen.** Missbrauch und Exerzitien

Band 36: Eckhard Frick/Margret Fühles, **Schöpferisch im Spiel vor Gott.** Bibliodrama und Exerzitien

Band 37: Gabriela Grunden, **Wer glaubt, fragt**

Band 38: Hermann Kügler, **Scheitern**

Band 39: Klaus Mertes, **Widerspruch aus Loyalität**

Band 40: Ursula Dirmeier, **Nicht Furcht, sondern Liebe.** Geistliche Lebenskunst mit Mary Ward

Band 41: Christoph Benke, **Gott ist nicht kleinlich.** Über das christliche Maß

Band 42: Stefan Bauberger, **Der Weg zum Herzgrund.** Zen und die Spiritualität der Exerzitien

Band 43: Medard Kehl/Stephan Ch. Kessler, **Priesterlich werden.** Anspruch für Laien und Kleriker

Band 44: Medard Kehl, **Mit der Kirche fühlen**

Band 45: Albert Keller, **Vom guten Handeln.** In Freiheit die Geister unterscheiden

Band 46: Klaus Mertes, **Sein Leben hingeben.** Suizid, Martyrium und der Tod Jesu